El país de la libertad

El Capitolio

Anne Hempstead

Heinemann Library
Chicago, Illinois

Printed in China by WKT Company Limited
Translated into Spanish and produced by DoubleOPublishing Services
Photo research by Julie Laffin

10 09 08 07 06
10 9 8 7 6 5 4 3 2 1

ISBN 978-1-4034-7600-5 (hc) -- 1-4034-7600-4 (hc)
ISBN 978-1-4034-7507-7 (pb) -- 1-4034-7507-5 (pb)

Library of Congress Cataloging-in-Publication Data:
Hempstead, Anne.
  [U.S. Capitol. Spanish]
  El Capitolio / Anne Hempstead.
     p. cm. -- (El país de la libertad)
  Includes bibliographical references and index.
  ISBN 1-4034-7600-4 (hb - library binding) -- ISBN 1-4034-7507-5 (pb)
  1. United States Capitol (Washington, D.C.)--Juvenile literature. 2. United States--Capital and capitol--Juvenile literature. 3. Washington (D.C.)--Buildings, structures, etc.--Juvenile literature.
I. Title.
  F204.C2H3618 2006
  975.3--dc22
                              2006035471
Acknowledgments
The author and publisher are grateful to the following for permission to reproduce copyright material:
pp. 4, 7, 20 Corbis, p.8, 17 The Granger Collection, p. 10, 24 Corbis/Bettmann, p.12, 15, Library of Congress, p.14 Maryland Historical Society, p.18 Corbis/Charles O'Rear, p.23 Corbis/ Wally Mcnamee, p.27 Andrew E. Cook.

Cover Photo: ©Heinemann-Raintree/Jill Birschbach

Contenido

¿Qué es el Congreso?

El Congreso consta del Senado y de la Cámara de Representantes. Cada estado tiene dos senadores. El número de representantes por cada estado depende de su población. Siete estados tienen sólo un representante cada uno, mientras que un estado grande como California tiene 53. Los ciudadanos de cada estado eligen a sus miembros para el Congreso.

Capítulo 1:
Un símbolo de democracia

El edificio del Capitolio de los EE.UU. es donde trabaja el Congreso, que es la rama **legislativa** del gobierno, es decir la rama que hace las leyes. Los miembros del Congreso se reúnen en las **cámaras** del Senado y de los Representantes del Capitolio, así como en las salas de comités y en las oficinas, para **debatir** y votar las leyes de los Estados Unidos.

Además de servir como lugar de encuentro para el Congreso, el Capitolio tiene otros usos importantes. Es un museo con una excelente colección de pinturas estadounidenses y de estatuas de personajes famosos. Se usa como entorno **patriótico** y solemne para las ceremonias especiales del gobierno. El Capitolio es también una popular atracción turística. Millones de visitantes han admirado su bella cúpula y caminado por sus históricos pasillos.

El Capitolio es más que un edificio. Para la nación y para muchas personas alrededor del mundo, el Capitolio es un símbolo de paz y justicia que inspira respeto y esperanza. Es el hogar de la democracia **estadounidense**.

Washington, D.C.: Sede del Capitolio

El edificio del Capitolio está ubicado en Washington, D.C., la capital de los Estados Unidos. Washington funciona como el centro del gobierno nacional. Además de cientos de oficinas gubernamentales, Washington tiene importantes museos, monumentos y famosos dedicados a la historia, el arte y la cultura estadounidense. Como cualquier otra ciudad grande, Washington también tiene hogares, escuelas, tiendas y negocios privados. Sin embargo, la principal empresa de Washington es el gobierno de los EE.UU.

El edificio del Capitolio, que mide 751 pies y 4 pulgadas (229 metros y 10 centímetros) de largo y 350 pies (107 metros) en su parte más ancha, es una estructura inmensa. Su longitud es un poco mayor que dos campos de fútbol juntos y su ancho un poco más grande que un campo de fútbol. Su gran cúpula blanca se eleva hacia el cielo 288 pies (69 metros). Si empiezas en el sótano, tienes que subir 365 escalones para alcanzar el piso más alto. Sus 5 pisos ofrecen 16 1/2 acres de espacio dividido en un laberinto de pasillos y 540 salas. Se tienen que limpiar 658 ventanas. Las columnas de mármol, las elegantes **cámaras** y la cúpula de hierro forjado coronada por la estatua de Libertad hacen del Capitolio una increíble obra de **arquitectura.**

Un capitolio capital

Las palabras *capital* y *capitolio* son similares, pero tienen diferentes significados. *Capital* se refiere a la cabeza de algo. Una ciudad capital es donde se reúne el gobierno de un estado o país. *Capitolio* se refiere a un edificio donde se reúne un grupo de legisladores. Cuando escribimos *Capitolio*, con *C* mayúscula, nos referimos específicamente al edificio del Capitolio de los EE.UU.

Esta vista aérea de Washington muestra el diseño de la Capitol Hill.

El Capitolio es tan grande que se ha dicho que es "una pequeña ciudad en sí mismo". El edificio tiene su propia oficina postal, tiendas, imprentas y policía. Los miembros del Congreso pueden consultar a un doctor en el centro médico, discutir sobre política mientras comen una hamburguesa en uno de sus restaurantes, o pasar al oratorio para encontrar un momento de paz. Más de 20,000 hombres y mujeres ayudan a los 535 miembros del Congreso a llevar a cabo sus funciones legislativas. En total, todas las personas que trabajan en el Capitolio podrían habitar un pueblo pequeño. Cada año, entre 3 y 5 millones de visitantes llegan al Capitolio de la nación para ver cómo funciona la **democracia.**

1791

Capítulo 2: Una capital para una nueva nación

Tras la Guerra de Independencia, los Estados Unidos enfrentaron a muchos desafíos. Cuando el Congreso se reunió en Nueva York en 1789, una de las cuestiones más importantes era dónde ubicar la capital. Desde 1774, cuando se celebró el Primer Congreso Continental en Philadelphia, Pennsylvania, el gobierno se había mudado trece veces y reunido en ocho ciudades diferentes. Para que la nación tuviera estabilidad y perdurase, el gobierno necesitaba una sede permanente.

Todos sabían cuán importante sería esta ciudad para la nación y para el mundo, pero tenían diferentes opiniones sobre dónde debería estar. Los habitantes de Nueva Inglaterra querían que estuviera en Nueva York. Los sureños presionaban por situarla en el Sur, mientras que la gente de Pennsylvania estaba a favor de Philadelphia. El **debate** se puso tan intenso que cuando faltaba un voto para decidir sobre la posibilidad de llevar la capital a Philadelphia, dos congresistas del Sur fueron a casa de Samuel Johnston, un senador por Carolina del Norte que en esa época estaba enfermo. En una silla, lo trasladaron a la **cámara** del Senado, para que Johnston, con el gorro de dormir aún puesto, pudiera votar en contra de Philadelphia.

Finalmente se alcanzó un acuerdo. En 1790 el Congreso votó a favor de que la capital se estableciera a lo largo del río Potomac entre Maryland y Virginia. Parecía justo establecer la capital en el punto central del país. La nueva capital no formaría parte de ningún estado. Su área de 10 millas cuadradas (26 kilómetros cuadrados) se llamaría Washington, Distrito de Columbia. El Congreso le encargó al presidente George Washington que eligiera el emplazamiento definitivo para la ciudad. Ordenó que se construyeran una sede para el Congreso y una residencia para el presidente antes de 1800.

Esta litografía muestra una imagen del siglo XIX del hogar de George Washington en Mount Vernon.

Comienza la planificación

El proyecto para construir la gran capital comenzó.
George Washington nombró a tres hombres para supervisar
su planificación y construcción. El grupo llamó a la ciudad
Washington. Aún tenían que establecerse las fronteras definitivas
de la ciudad. Los supervisores contrataron a Andrew Ellicott,
veterano de la Guerra de Independencia, y a Benjamin Banneker,
matemático e inventor, para establecerlas. Banneker ayudó a
Ellicott a realizar cálculos exactos para determinar dónde colocar
40 piedras que limitasen cada milla que bordeaba el área.

Washington y otros líderes querían que la capital satisfaciera
las necesidades prácticas del gobierno. Pero también querían
que fuera un **símbolo** de la esperanza y el potencial de la nueva
nación. George Washington contrató a un artista e ingeniero
francés, Pierre L'Enfant, para que diseñara la ciudad.

¿Ciudad de talla mundial o pantano?

George Washington quería ubicar la ciudad cerca del río
Potomac y de su plantación en Mount Vernon. No a todos
les gustó esta decisión. Los neoyorquinos se quejaban de
que la ciudad sería "un lugar salvaje, habitado por lobos".
El emplazamiento parecía estar en mitad de la nada. Para
la década de 1780 en esta área, habitada anteriormente
por varias tribus de indígenas norteamericanos, había varias
casas grandes. Era difícil viajar allá y podía ser peligroso.
Cuando conducían desde Baltimore, incluso los cocheros
más experimentados se habían perdido en los espesos
bosques del camino.

Una visión

L'Enfant imaginaba una ciudad con magníficos edificios y amplias avenidas bordeadas de árboles. La nueva ciudad estaría a la par de las grandes capitales europeas. Sería el centro de la **democracia**, donde los ciudadanos podrían reunirse y hablar con miembros del Congreso y con el presidente. L'Enfant situó la futura sede del Congreso en Jenkin's Hill (la colina de Jenkin) en el centro de la ciudad para demostrar que el órgano legislativo estaba en el corazón del gobierno de los EE.UU. Hizo extender "Grand Avenue", una amplia avenida de 400 pies (122 metros) de ancho al oeste, desde el edificio del Capitolio hasta el río Potomac. Al pie de Jenkin's Hill planificó un jardín público con una estatua de George Washington a caballo.

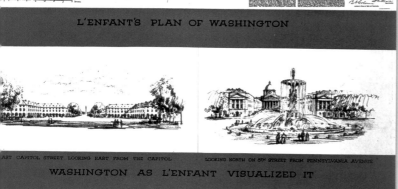

1791

JEFFERSON'S PLAN OF WASHINGTON

L'ENFANT'S PLAN OF WASHINGTON

WASHINGTON AS L'ENFANT VISUALIZED IT

Este folleto del siglo XX muestra el diseño de L'Enfant para Washington, D.C.

Para mostrar que las dos ramas del gobierno tenían distintos poderes, pero iguales, L'Enfant colocó la mansión del presidente justo al norte de la estatua, pero la unió al Congreso mediante una avenida diagonal de una milla de longitud. El plan era novedoso y original, tal como lo eran los Estados Unidos.

Sin embargo, L'Enfant tuvo problemas para relacionarse con otras personas y el presidente Washington lo despidió del proyecto antes de que acabara sus dibujos de la ciudad y sus edificios. Andrew Ellicott añadió más detalles y contrató a dos artistas para ponerle un toque artístico a los dibujos.

Democracia y arquitectura

Thomas Jefferson, uno de los fundadores del país y un **arquitecto aficionado** e inventor, estuvo a la cabeza del movimiento para librar al país de la influencia británica. Quería desarrollar un estilo estadounidense. Jefferson pensaba que la arquitectura basada en los estilos griegos y romanos inspiraría orgullo. Los edificios se convirtieron en una forma de mostrar con ladrillos y cemento los ideales democráticos de las civilizaciones antiguas de Grecia y Roma. Cúpulas, fachadas de templos, columnas y otros detalles griegos y romanos comenzaron a usarse en el diseño de hogares, iglesias y edificios públicos en todo el país. Este nuevo estilo estadounidense se llamó neoclásico o *Greek revival* (resurgimiento griego).

Un diseño para la democracia

En su diseño de la ciudad, L'Enfant emplazó el Congreso sobre unos terrenos llamados Jenkin's Hill. Sin embargo, nunca llegó a dibujar los planos para el edificio. Thomas Jefferson sugirió que se hiciera un concurso.

En 1792 se anunció un concurso para el diseño del edificio del Capitolio. En esa época había muy pocos **arquitectos** titulados en el país. Sólo un arquitecto profesional presentó un diseño. Un número de arquitectos **aficionados**, incluidos dos veteranos británicos de la Guerra de Independencia, un ebanista y un juez, enviaron diseños. No obstante, todas las presentaciones fueron decepcionantes. Unas tenían dibujos pobres y otras, detalles extraños.

Después de que pasara la fecha límite, un joven médico pidió permiso para presentar sus diseños fuera de plazo. Meses más tarde, William Thornton presentó un plano de un edificio de estilo clásico. Su diseño parecía un nuevo tipo de templo romano: un templo estadounidense para la libertad.

Esta propuesta para el diseño del Capitolio fue enviada por James Diamond.

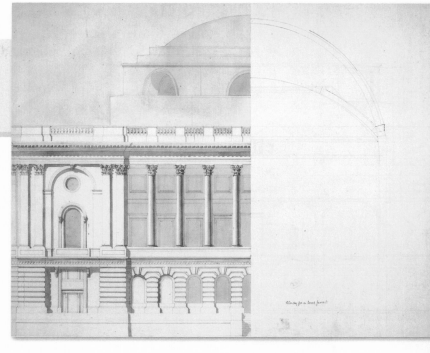

Éste es uno de los diseños para el Capitolio que se enviaron.

Thornton situó las salas de reuniones para las dos cámaras del Congreso en alas opuestas, simbolizando así el equilibrio de poder entre el Senado y la Cámara de Representantes. Una cúpula circular, o **rotonda**, conecta las dos alas. La rotonda estaba destinada a ser un gran lugar de encuentro público, "la Sala del Pueblo".

Así exactamente creían Washington y Jefferson que debía ser el Capitolio. Alabaron el diseño de Thornton por su "grandiosidad, simplicidad y conveniencia". El plan se aprobó de inmediato. El 18 de septiembre de 1793, George Washington puso la primera piedra del nuevo Capitolio. Tras una ceremonia y un desfile impresionantes, el público se reunió con Washington en un festín en Jenkin's Hill para la celebración.

El Capitolio tuvo un buen comienzo pero la felicidad no duró mucho. Debido a la falta de dinero, trabajadores cualificados y materiales, la construcción iba a paso lento. A finales de 1800, el Congreso, la Corte Suprema y la Biblioteca del Congreso se mudaron al ala norte de un edificio lejos de estar terminado.

La democracia en acción

En 1803, Benjamin Henry Latrobe fue elegido para completar el plan de Thornton. El **arquitecto** concentró su talento en el interior del edificio. Realizó el acabado de las **salas** de reuniones en mármol, con elegantes tallas de madera y altos techos. Latrobe añadió al estilo estadounidense del edificio columnas clásicas de mármol con diseños de hojas de maíz y tabaco. Así celebraba estas plantas nativas y la importancia de la agricultura en la vida estadounidense.

Siguiendo el espíritu de la **democracia**, Latrobe también añadió **galerías** para los visitantes donde el público podía ver al Congreso trabajando. Incluso antes de terminarse en 1811, los dibujos artísticos que mostraba un edificio acabado ya eran populares entre los estadounidenses. Rápidamente el Capitolio se convirtió en una fuente de orgullo nacional.

En 1812, el Congreso declaró la guerra a Gran Bretaña y en agosto de 1814, los británicos marcharon sobre Washington, D.C. Su comandante tenía órdenes de "destruir y arrasar". Estaba dispuesto a dejar Washington en pie si los estadounidenses pagaban un rescate. Pero no tenía con quién negociar. El presidente James Madison y casi todos los demás habían dejado la ciudad. Los soldados incendiaron los edificios públicos de la ciudad.

La guerra de 1812 (1812-1815)

El 18 de junio de 1812, los Estados Unidos declararon la guerra a Gran Bretaña. Esta guerra era el resultado de varias disputas entre ambos países que habían durado largo tiempo. Al final, no surgió un vencedor, es decir, ningún país ganó. Sin embargo, la capacidad de los EE.UU. para defenderse de Gran Bretaña ayudó a establecer definitivamente su independencia.

Esta pintura, obra de un artista desconocido, muestra a la gente huyendo de la ciudad de Washington en llamas.

Al principio los muros de piedra del Capitolio no ardían. Así que los soldados apilaron muebles, libros y barriles de alquitrán y les prendieron fuego con antorchas. El Capitolio quedó envuelto en llamas. Toda la ciudad estuvo a punto de ser reducida a cenizas cuando una fuerte tormenta apagó el fuego. Del Capitolio sólo quedó una cáscara ennegrecida, su interior destruido por el incendio. Los peores daños se produjeron en el ala del Senado del edificio, que contenía los libros y manuscritos de la Biblioteca del Congreso.

Con gran enojo, los periódicos informaron del incendio de Washington. Los estadounidenses estaban indignados y el Capitolio fue reconstruido.

En las siguientes décadas, el Capitolio cumplió su promesa de convertirse en la sede de la democracia en acción. Dentro de sus muros, se aprobaron leyes y se tomaron decisiones importantes sobre los impuestos, los derechos estatales y la esclavitud, a menudo tras **debates** intensos. El público llenaba las galerías del Senado y de la Cámara de Representantes para oír a oradores como Henry Clay, John C. Calhoun y Daniel Webster presentar sus ideas y opiniones sobre los asuntos importantes del día.

El Capitolio y la unión de los estados

Hacia la década de 1850, el Congreso tenía 62 senadores y 232 representantes. La sede se había quedado pequeña nuevamente. Thomas Ustick Walter, un **arquitecto** de Philadelphia, ganó un concurso para rediseñar el Capitolio. Los planes de Walter triplicarían el tamaño del edificio al ampliar las dos alas con anexos que proveían a ambas **cámaras** de nuevas salas de mayor tamaño. Walter también diseñó una cúpula espectacular de hierro fundido. Esta gigantesca cúpula pesaría casi 9 millones de libras (4 millones de kilogramos).

Una estatua de la libertad

La nueva cúpula del Capitolio estaría coronada por una estatua de bronce de una figura femenina representando a Libertad. La estatua se asoció con el amargo *debate* sobre la esclavitud en el país. Originalmente, el escultor representó a Libertad con un gorro frigio. El gorro tenía como modelo el que llevaban los esclavos libertos de la Roma antigua. Jefferson Davis, senador por Mississippi y más tarde presidente de la Confederación, protestó.

Esta fotografía de la estatua de la cúpula del Capitolio se tomó cuando fue movida para limpiarla.

Algunas personas pensaron que el gorro era un insulto al Sur.
Davis dijo que lo rechazaba porque los estadounidenses no
descendían de esclavos romanos. El escultor cambió el gorro
por un tocado con cabeza y plumas de águila.

Cuando estalló la Guerra Civil (1861–1865), la construcción
de la cúpula se retrasó pero no se paró. Un pequeño grupo de
trabajadores continuaron trabajando en el edificio. Durante un
tiempo se usó el Capitolio como **barracones** y después como
hospital para los soldados de la Unión. Algunas estancias del
sótano se convirtieron en almacenes, mientras que otras se
usaron como panaderías.

El Capitolio fue símbolo de unidad y fortaleza para el país.
Al proseguir con las obras en el edificio, aunque seguía la
encarnizada guerra, se enviaba un importante mensaje a ambos
lados: el Capitolio y la unión de los estados continuaría. El 2 de
diciembre de 1863, la gigantesca estatua de Libertad fue izada
hasta la parte superior de la cúpula y atornillada en su lugar.
Una gran bandera de los EE.UU. ondeaba por encima, mientras
la artillería disparaba una salva con 35 armas, una por cada
estado, incluidos aquéllos que se habían separado de la Unión.

Las adiciones arquitectónicas de las décadas de 1860, 1880 y
1890 crearon el edificio del Capitolio que vemos hoy. Desde
entonces, ha sido remodelado y modernizado, pero su exterior
y la gran cúpula han permanecido sin cambios. Los diseñadores
del Capitolio trabajaron duro para crear un símbolo que
inspirase **democracia**, libertad y gobierno justo.

Capítulo 3: Historia viva, democracia en acción

Hoy en día el Capitolio es el centro floreciente de nuestra **democracia** en acción. Si alguien pasea por la **rotonda**, la gran sala redonda bajo la cúpula, recordará rápidamente el plan que tenía Thornton de un gran vestíbulo público. Esta inmensa estancia circular tiene casi 100 pies (30 metros) de diámetro y más de 180 pies (54 metros) de alto. La rotonda sirve como ajetreado punto de encuentro en mitad del edificio. Representantes, ayudantes, periodistas, trabajadores de mantenimiento, personal del Congreso, visitantes y turistas atraviesan la rotonda de camino a las alas del Senado y de la Cámara de Representantes.

La rotonda es también el centro de la colección de arte estadounidense del Capitolio. Pinturas que muestran los primeros tiempos del descubrimiento o de la Guerra de Independencia cuelgan de sus paredes. En el techo hay una pintura de George Washington elevándose a los cielos. Por toda la estancia hay estatuas de los líderes de la nación incluidos George Washington, Alexander Hamilton y Abraham Lincoln.

Desde la rotonda, un laberinto de salas y pasillos llevan hasta las alas del Senado y de la Cámara. En contraste con el mármol del exterior, el interior del Capitolio está decorado con pinturas de vivos colores. Caminar por las numerosas estancias y corredores es un viaje a través de la historia estadounidense relatado a través del arte y la **arquitectura**. Las salas de la antigua **Cámara** del Senado y la antigua Corte Suprema han sido restauradas para mostrarlas tal y como eran antes de 1860.

El Congreso hoy en día

Hoy en día, al igual que en el siglo XIX, el Congreso se reúne en el Capitolio de los EE.UU. para crear las leyes del país. Casi todos los miembros del Congreso son también miembros de uno de los dos partidos políticos mayoritarios de los EE.UU.: el Republicano y el Demócrata. Cada partido tiene su propio punto de vista político u opinión sobre los diferentes temas. Los miembros del Congreso usualmente votan según el punto de vista de su partido, pero también pueden votar de acuerdo con el otro partido.

Los senadores se reúnen en la **cámara** del Senado donde los miembros tienen sus escritorios. Hay 100 escritorios, lo cual permite que se puedan sentar dos senadores de cada estado. Además de votar sobre legislación, el Senado se reúne para aprobar las nominaciones presidenciales para oficinas importantes del gobierno, como la Secretaría de Estado. El Senado también aprueba tratados, es decir acuerdos, que el presidente firma con otros países.

La Cámara de Representantes es una de las salas de reunión más grandes del mundo. La población de cada estado determina el número de sus representantes. Cuando la Cámara llegó hasta las 435 personas, ya no había sitio para un escritorio por cada miembro. Los representantes se sientan en sillas. Los republicanos se sientan a la izquierda del Vocero de la Cámara y los demócratas a su derecha.

La mayoría de las tareas del Congreso no se realizan en las cámaras, sino en comités en estancias del edificio del Capitolio o en uno de los nuevos edificios de oficinas del Congreso.

Tanto el Senado como la Cámara de Representantes tienen
comités como el de agricultura y el de las fuerzas armadas.
Cualquier miembro con una idea para una ley primero
debe presentarla al Congreso como proyecto de ley. El
proyecto va a un comité que lo discute y lo somete a votación.
Después llega a la Cámara de Representantes y, si es aprobado,
va al Senado. Los miembros pueden votar de acuerdo con
cualquiera de los partidos. Todo ello es parte del proceso
democrático. Si es aprobado por ambas cámaras, el proyecto
llega al presidente. Cuando éste lo firma, se convierte
en ley federal.

El presidente Bill Clinton pronunciando
el discurso del Estado de la Unión ante
la Cámara de Representantes en 1997.

Capítulo 4: El Capitolio y el pueblo estadounidense

Los fundadores de la nación querían un gobierno que estuviera abierto al pueblo. Ciudadanos involucrados en diferentes causas, sindicatos de trabajadores, organizaciones de la mujer y de los derechos civiles, ecologistas y las personas en contra de la guerra han elegido el Capitolio como lugar para demostrar su derecho a la libertad de expresión.

Otra parte importante de tener acceso al funcionamiento del gobierno es la libertad de prensa. Desde 1789, el público y la prensa han podido asistir a los **debates** y las votaciones en la Cámara de Representantes. El Senado admitió a la prensa en 1795. Al principio, sólo se permitía la entrada a las **galerías** de prensa del Congreso a reporteros de periódicos. Sin embargo, con el paso del tiempo los avances tecnológicos han creado diferentes medios de comunicación que quieren cubrir los actos del gobierno. Ahora la Cámara de Representantes y el Senado tienen una "galería para la prensa diaria", una "galería para las publicaciones periódicas" y una "galería para la radio-televisión". Los visitantes al Capitolio pueden obtener un pase para sentarse en las galerías públicas y asistir a las sesiones.

Ceremonias solemnes

El capitolio es el lugar de muchos eventos históricos. Muchos presidentes recién electos juran su cargo en las escaleras del Capitolio, acto que observan miles de personas. La televisión y la radio lo transmiten a una inmensa audiencia más allá de Washington. Esta ceremonia muestra que el cambio de líderes de la nación se hace de forma pública y ordenada.

Debido a su belleza y gran tamaño, la **rotonda** es la ubicación para las ocasiones más solemnes de la nación. Los cuerpos de los difuntos presidentes, miembros del Congreso, generales y héroes nacionales han sido expuestos en la rotonda. Así sus admiradores pueden presentar sus respetos antes del funeral. Abraham Lincoln fue el primer presidente a quien se honró de esa manera. En octubre de 2005, Rosa Parks, una líder del movimiento por los derechos civiles, fue la primera mujer en recibir este honor.

El Capitolio en la cultura popular

Los diseñadores del Capitolio trabajaron mucho para crear un símbolo para la **democracia** y la libertad. El edificio se reconoce en todo el mundo. Se ha convertido en un símbolo importante de la cultura popular, o los intereses comunes de muchas personas.

Las películas que tienen lugar en Washington, D.C., casi siempre muestran una toma del Capitolio, porque subraya el lugar donde ocurre la trama. Cuando la gente visita Washington, compran recuerdos donde aparece la imagen del edificio: no sólo postales, sino también bufandas, corbatas, joyas, llaveros, lamparillas, adornos y muchos otros objetos a la venta en las distintas tiendas de regalo.

No todos los productos que usan la imagen o la forma del Capitolio se centran seriamente en su sentido simbólico. Algunas personas pueden pensar, por ejemplo, que un salero y pimentero con la forma del Capitolio es ridículo o irrespetuoso debido a los ideales democráticos que el edificio representa. Pero otras podrían decir que dichos objetos representan diversión sana y que expresan lo mucho que la gente ama y precia el Capitolio, **símbolo** nacional de unidad, **democracia** y libertad.

Los recuerdos del Capitolio siguen siendo populares.

Línea cronológica

1790	El Congreso decide que la capital permanente del país se construirá cerca del río Potomac.
1791	George Washington elige un lugar específico en Potomac para la nueva capital.
1793	William Thornton gana un concurso para la construcción del Capitolio con su diseño clásico, que muestra dos alas separadas y una cúpula central decorada con columnas griegas.
1793	El presidente George Washington pone la primera piedra y comienza la construcción.
1800	El Congreso, la Biblioteca del Congreso, y la Corte Suprema se trasladan al edificio sin terminar; sólo el ala norte se ha completado.
1814	En la guerra de 1812, los británicos capturan Washington, D.C., y prenden fuego al Capitolio.
1855	El Congreso vota a favor de agrandar el edificio y remplazar la cúpula original.
1863	Se coloca la estatua de Libertad sobre la cúpula.
década de 1890	Instalan electricidad y modernizan las tuberías.
1950–90	Comienza la restauración moderna para mantener el edificio: se amplia el ala oeste, se quita la pintura de la cúpula y se vuelve a pintar a tiempo para la toma de posesión del presidente John F. Kennedy.
1993	Comienza la restauración de la estatua de Libertad.
2000	Comienza la construcción del Centro de Visitantes.

Más información

Auxiliares en el Congreso

Durante cada sesión del Congreso, estudiantes de escuela superior trabajan como auxiliares, o asistentes, para la Cámara de Representantes y el Senado. Los auxiliares del Congreso hacen mandados para los miembros, colocan podios para los oradores, y ayudan en general en las **cámaras**. También distribuyen muchas copias de los actuales proyectos de ley que se imprimen en la Sala de Documentación (Document Room). Si te interesa llegar a ser auxiliar en el Congreso algún día, deberías ponerte en contacto con tu representante local o senador.

Para identificar a tu senador visita
www.senate.gov/senators/index.cfm
Para encontrar a tu representante visita www.house.gov/writerep

Para aprender más sobre el programa de auxiliares del Congreso visita http://www.pagealumni.us/congpageassoc/frameindex.htm

Otros libros para leer

Recursos en inglés

Britton, Tamara. *The Capitol*. Edina, Minn: Abdo, 2003.

Feldman, Ruth. *How Congress Works: A Look at the Legislative Branch*. Minneapolis: Lerner, 2003.

Giddens-White, Bryon. *Congress and the Legislative Branch*. Chicago: Heinemann, 2006.

Glosario

aficionado persona que hace una actividad por diversión, no por dinero

arquitecto persona que diseña edificios y otras estructuras grandes

arquitectura arte de diseñar y construir estructuras

barracones alojamiento para los soldados

cámara estancia o vestíbulo para reuniones

debate discusión formal

democracia forma de gobierno donde todas las personas tienen voz y voto

galería balcón estrecho o corredor largo

legislativo que hace las leyes

patriótico que muestra el amor y el orgullo
por el país de uno

rotonda gran espacio redondo

símbolo algo que representa otra cosa

Índice